ESTRATEGIAS 4DX

El Camino Hacia El Éxito empresarial

Nathan Manzaneque

Crecimiento Empresarial

A los miembros del primer grupo de BNI que lancé en Málaga, en España, BNI Emprende. Un abrazo y gracias por vuestra inspiración y los aprendizajes compartidos.

PRODUCTIVIDAD EMPRESARIAL

CONTENIDO

Página del título
Dedicatoria
Productividad empresarial
Prólogo
Estrategias 4dx: El Camino hacia el Éxito Empresarial | 1
Capítulo 1: Introducción a las Estrategias 4dx | 3
Capítulo 2: Establecimiento de Objetivos Claros | 10
Capítulo 3: Creación de Métricas de Rendimiento | 17
Capítulo 4: Implementación de Acciones Cruciales | 24
Capítulo 5: Creación de una Cultura de Ejecución | 30
Capítulo 6: Mantenimiento del Enfoque en los Resultados | 37
Capítulo 7: Conclusiones y ReFLexiones Finales | 44
| 49

Acerca del autor | 51
| 55

Libros de este autor | 57
| 61

¿TE INTERESA EL CRECIMIENTO PERSONAL Y PROFESIONAL? | 63

PRÓLOGO

Planificación, Ejecución y Sostenibilidad: La Montaña Rusa de las PYMES

¡Bienvenidos, amigos y amigas, al fascinante y a veces caótico mundo de las PYMES! Antes de sumergirnos en las Cuatro Disciplinas de la Ejecución (4DX) y cómo pueden transformar vuestra empresa, quiero que hablemos de algo con lo que todos, absolutamente todos, hemos luchado alguna vez: la planificación de objetivos, el seguimiento de los mismos, y lo más complicado de todo, mantenerlos en el tiempo.

Imaginemos por un momento que nuestra querida empresa es como una montaña rusa. Sí, una de esas que tiene subidas y bajadas vertiginosas, curvas cerradas y momentos en los que te preguntas: "¿Por qué me subí a esto?".

Bueno, esa montaña rusa es tu PYME y tú eres el valiente que decidió ponerse al mando.

Los Problemas Típicos en la Planificación

1. **El síndrome del "Todo es urgente"**

¿Cuántas veces has sentido que todos los objetivos son prioritarios y urgentes? Empiezas la semana con una lista interminable de cosas por hacer y, a medida que pasan los días, la lista parece multiplicarse en lugar de reducirse.

¿Resultado? Nada se hace con la profundidad y calidad necesarias porque estamos constantemente apagando fuegos en lugar de construir estrategias sólidas.

2. **Objetivos vagos y generales**

"Queremos aumentar las ventas", "Debemos mejorar la satisfacción del cliente", "Necesitamos ser más eficientes".

Estas frases suenan bien, ¿verdad? El problema es que son tan generales que no ofrecen un camino claro para llegar a ellas. Es como decir que quieres ir de vacaciones pero sin especificar ni el destino ni el medio de transporte.

3. **La falta de prioridades claras**

En las PYMES, es común que los empresarios y sus equipos intenten hacer demasiadas cosas a la vez. Sin prioridades claras, los recursos se diluyen y se pierde el enfoque. Y ya sabéis lo que dice el dicho: "El que mucho abarca, poco aprieta".

Seguimiento de los Objetivos: El Gran Olvido

1. **El "Síndrome del Olvido"**

Una vez que se establecen los objetivos, es fácil caer en la trampa de la rutina diaria.

Las reuniones interminables, las crisis inesperadas y las urgencias del día a día desvían nuestra atención y, sin darnos cuenta, esos objetivos tan importantes se convierten en decoraciones bonitas en la pared de la oficina, pero nada más.

2. **La falta de herramientas y métodos adecuados**

Muchas PYMES carecen de herramientas eficaces para hacer un seguimiento continuo de los objetivos. Dependemos de hojas de cálculo interminables, correos electrónicos y reuniones ad-hoc que más que ayudar, a menudo confunden y retrasan.

3. **Responsabilidad difusa**

Sin un seguimiento adecuado, la responsabilidad se diluye. Todos piensan que alguien más está al tanto de los objetivos y, al final, nadie realmente se hace cargo. La falta de claridad en quién debe hacer qué y cuándo es uno de los mayores enemigos del progreso.

Conseguir los Objetivos: La Gran Lucha

1. **Recursos limitados**

Las PYMES a menudo tienen recursos limitados: tiempo, dinero y personal. Estos límites hacen que sea difícil alcanzar grandes objetivos sin una planificación y ejecución precisas.

2. **Motivación fluctuante**

Mantener a todo el equipo motivado puede ser un desafío. La monotonía, el estrés y la falta de avances visibles pueden desmoralizar incluso a los empleados más entusiastas. Es esencial mantener la energía y el entusiasmo a lo largo del camino.

3. **Cambios constantes en el mercado**

El entorno empresarial es dinámico y las PYMES deben adaptarse rápidamente a los cambios en el mercado. Esta necesidad de adaptación constante puede desviar la atención de los objetivos a largo plazo y centrarse en sobrevivir en el corto plazo.

Mantener los Objetivos en el

Tiempo: La Prueba de Fuego

1. **Sostenibilidad del esfuerzo**

Es fácil empezar con entusiasmo, pero mantener ese esfuerzo y energía a lo largo del tiempo es un desafío completamente diferente. Las PYMES a menudo enfrentan el problema de la "fatiga de ejecución", donde los esfuerzos iniciales se desvanecen lentamente.

2. **Cambio de prioridades**

A medida que la empresa crece o el entorno cambia, las prioridades pueden cambiar también. Adaptar los objetivos sin perder el enfoque puede ser complicado. Es como cambiar de carril en medio de una autopista sin reducir la velocidad: peligroso y difícil.

3. **Falta de retroalimentación**

Sin una retroalimentación constante, es difícil saber si estás en el camino correcto. Las PYMES necesitan mecanismos de retroalimentación efectivos para ajustar sus estrategias y mantener sus objetivos alineados con la realidad del mercado.

El Impacto en el Empresario y su Equipo

Ahora bien, ¿qué significa todo esto para el empresario y su equipo? Vamos a ser sinceros: ¡un verdadero quebradero de cabeza! La falta de planificación y seguimiento efectivo no solo afecta a los resultados de la empresa, sino también al bienestar y la moral de todos los involucrados.

Para el Empresario

- **Estrés constante**: La sensación de que nunca se alcanza el progreso deseado puede ser extremadamente estresante. Este estrés constante afecta la salud mental y física del empresario, quien se siente responsable del éxito o fracaso de la empresa.

- **Desgaste emocional**: Ver que los esfuerzos no se traducen en resultados puede llevar a un desgaste emocional significativo. La frustración y el sentimiento de impotencia se convierten en compañeros frecuentes.
- **Pérdida de visión**: En el caos del día a día, es fácil perder de vista la visión a largo plazo. El empresario puede sentirse atrapado en una rueda de hámster, corriendo sin avanzar realmente.

Para el Equipo

- **Desmotivación**: La falta de claridad y de logros visibles desmotiva al equipo. Cuando no se ven resultados, es difícil mantener el entusiasmo y la energía.
- **Confusión y frustración**: La falta de prioridades claras y de seguimiento puede crear un ambiente de confusión y frustración. Los empleados no saben en qué enfocarse y sienten que sus esfuerzos no son valorados.
- **Falta de desarrollo**: Sin objetivos claros y un seguimiento adecuado, los empleados pierden oportunidades de desarrollo personal y profesional. No saben qué habilidades necesitan mejorar o cómo pueden contribuir mejor a la empresa.

El camino hacia el éxito empresarial no es para nada fácil, pero con la metodología 4DX, puedes transformar la forma en que tu PYME planifica, sigue y mantiene sus objetivos. No se trata solo de alcanzar metas; se trata de crear un ambiente donde el empresario y su equipo puedan prosperar y crecer juntos.

Así que, amigos míos, abrid bien los ojos y sujetad fuerte las riendas, porque la montaña rusa empresarial está a punto de volverse mucho más emocionante y, con un poco de planificación y seguimiento adecuado, mucho más gratificante.

¡Bienvenidos a esta aventura de transformación y éxito con 4DX! Vamos a convertir esos objetivos en logros reales y sostenibles, y a disfrutar del viaje.

¡Vamos a por todas!

ESTRATEGIAS 4DX: EL CAMINO HACIA EL ÉXITO EMPRESARIAL

DEL AUTOR DE SAMURAI NETWORKER, Y LIDERAZGO COMPASIVO

Nathan Manzaneque

NATHANMANZANEQUE

CAPÍTULO 1: INTRODUCCIÓN A LAS ESTRATEGIAS 4DX

La importancia de la metodología 4dx

La metodología 4dx, o Disciplina de Ejecución, se ha convertido en una herramienta muy valiosa para los empresarios que buscan mejorar sus resultados.

Su importancia radica en su enfoque claro y metódico para lograr resultados tangibles y sostenibles.

En este subcapítulo, exploraremos a fondo por qué la metodología 4dx es tan crucial para el crecimiento empresarial y cómo puede transformar la forma en que abordamos los desafíos diarios en nuestras empresas.

En un entorno en el que lo raro parece ser no ir como pollo sin cabeza, la metodología 4dx destaca por su capacidad para impulsar la productividad y maximizar el rendimiento de las organizaciones.

Al establecer objetivos claros y medibles, crear una ejecución disciplinada y una rendición de cuentas constante, esta metodología nos guía hacia el logro de resultados excepcionales.

Para los dueños de negocios que buscan destacarse en su industria, la metodología 4dx es el camino hacia la excelencia operativa y el crecimiento sostenible.

La metodología 4dx no solo se trata de establecer metas ambiciosas, sino también de enfocarse en las actividades clave que impulsarán el éxito de la empresa.

Al identificar y priorizar las acciones que tienen el mayor impacto en los resultados deseados, los dueños de negocios pueden optimizar sus recursos y esfuerzos para obtener el máximo retorno de inversión.

Esta mentalidad de enfoque estratégico y ejecución disciplinada es lo que distingue a las empresas líderes de aquellas que luchan por mantenerse a flote en un mercado competitivo.

Al adoptar la metodología 4dx, los dueños de negocios pueden cultivar una cultura organizacional basada en la responsabilidad, la transparencia y el compromiso con la excelencia.

Al crear un entorno donde la rendición de cuentas es una prioridad y la mejora continua es un objetivo común, las empresas pueden fomentar la innovación, el crecimiento y la resiliencia frente a los desafíos empresariales.

La metodología 4dx no solo transforma la forma en que trabajamos, sino también la forma en que pensamos y nos desafiamos a nosotros mismos para alcanzar nuevos niveles de éxito.

En resumen, la metodología 4dx es mucho más que un conjunto de principios y prácticas; es una filosofía empresarial que impulsa la excelencia y el crecimiento empresarial sostenible.

Para los dueños de negocios que buscan superar obstáculos, alcanzar metas ambiciosas y dejar una huella duradera en su industria, la metodología 4dx es la clave para desbloquear su máximo potencial y llevar sus empresas hacia el éxito.

¡Únete a la revolución de la ejecución y haz de tu empresa un líder en su nicho con la metodología 4dx!

Visión general de las Estrategias 4dx

En el fascinante mundo de los negocios, la Metodología 4dx ha surgido como un faro de luz para aquellos valientes empresarios que desean trazar un camino hacia el éxito empresarial.

En esta subcapítulo titulado "Visión general de las Estrategias 4dx", nos sumergimos en el corazón de estas poderosas estrategias que han transformado empresas y vidas alrededor del mundo. Es momento de abrir nuestra mente a la posibilidad de alcanzar nuevos horizontes y hacer crecer nuestros negocios de manera exponencial.

Las Estrategias 4dx representan un enfoque revolucionario que desafía la complacencia y promueve la excelencia en cada aspecto de nuestra empresa.

Desde la claridad en los objetivos hasta la disciplina en la ejecución, cada paso que damos bajo esta metodología nos acerca un poco más al logro de nuestras metas más ambiciosas.

En este punto exploraremos las bases fundamentales de las Estrategias 4dx y descubriremos cómo podemos aplicarlas de manera efectiva en nuestro día a día empresarial.

Al adentrarnos en el universo de las Estrategias 4dx, nos sumergimos en un océano de posibilidades donde el crecimiento empresarial se vuelve tangible y alcanzable.

Cada acción, cada decisión, cada pequeño esfuerzo que invertimos bajo esta metodología nos acerca un paso más a la cima del éxito.

Es momento de desafiar nuestras propias limitaciones y abrazar la grandeza que yace en el corazón de nuestras empresas.

La visión general de las Estrategias 4dx nos invita a cuestionar nuestras creencias limitantes y a abrazar un nuevo paradigma de pensamiento empresarial.

En esta sección, nos sumergimos en la esencia misma de la Metodología 4dx y descubrimos cómo podemos potenciar nuestro crecimiento empresarial de manera sostenible y escalable. Es momento de dejar atrás las excusas y abrazar la disciplina y la excelencia como pilares fundamentales de nuestro camino hacia el éxito.

En suma, las Estrategias 4dx representan un faro de inspiración y guía para todos aquellos empresarios que desean alcanzar nuevas alturas en el mundo de los negocios.

A través de la disciplina, la claridad en los objetivos y la ejecución impecable, podemos transformar nuestras empresas en verdaderas máquinas de crecimiento y prosperidad.

Es momento de dar el primer paso hacia un futuro lleno de posibilidades y éxitos inimaginables. ¡El camino hacia el éxito empresarial está ante nosotros, listo para ser recorrido con valentía y determinación!

Cómo aplicar las Estrategias 4dx en tu empresa

En nuestra búsqueda por la mejora continua empresarial, las Estrategias 4dx se erigen como faro luminoso, guiando a los dueños de negocios por el camino de la excelencia.

Aplicar estas estrategias en tu empresa es abrir la puerta a un futuro próspero y lleno de logros. La Metodología 4dx para el crecimiento empresarial es la llave que desbloqueará todo el potencial que tu negocio alberga.

El primer paso en la aplicación de las Estrategias 4dx en tu empresa es identificar los objetivos de rendimiento críticos que impulsarán el éxito de tu negocio.

Establecer estos objetivos claros y medibles te permitirá trazar un camino preciso hacia el crecimiento y la innovación. Recuerda, cada meta alcanzada es un peldaño más hacia la cima del éxito empresarial.

La disciplina es la piedra angular sobre la que se construye el éxito empresarial sostenido. Aplicar las Estrategias 4dx implica comprometerse con la disciplina en la ejecución de las tareas y en el seguimiento de los resultados.

Mantener la constancia y la determinación en cada paso del proceso es fundamental para alcanzar los objetivos planteados y superar cualquier obstáculo que se interponga en el camino.

La transparencia y la rendición de cuentas son elementos esenciales en la implementación de las Estrategias 4dx en tu empresa. Fomentar una cultura organizacional basada en la responsabilidad y la transparencia fortalecerá la cohesión del equipo y potenciará el desempeño individual y colectivo.

Recuerda, el éxito de tu empresa depende del compromiso y la colaboración de cada miembro de tu equipo.

En resumen, aplicar las Estrategias 4dx en tu empresa no solo es un camino hacia el éxito empresarial, sino también una losofía de vida empresarial.

La Metodología 4dx para el crecimiento empresarial te invita a desafiar los límites, a superar tus propias expectativas y a alcanzar metas que parecían inalcanzables.

¡Atrévete a aplicar estas estrategias en tu empresa y prepárate para vivir una transformación empresarial sin precedentes!

ESTRATEGIAS 4DX

4dX

CAPÍTULO 2: ESTABLECIMIENTO DE OBJETIVOS CLAROS

Definición de objetivos empresariales

En la vida de un emprendedor, fijar objetivos empresariales claros y alcanzables es el primer paso hacia el éxito.

Los propietarios de empresas saben que la clave para alcanzar metas ambiciosas radica en definir con precisión qué quieren lograr y en trazar un camino estratégico para alcanzarlo.

Los objetivos empresariales son la brújula que guía a las organizaciones hacia el crecimiento y la prosperidad.

En el marco de la metodología 4dx para el crecimiento empresarial, la definición de objetivos adquiere una relevancia aún mayor.

La metodología 4dx se basa en la premisa de que centrarse en unos pocos objetivos críticos y medibles es la clave para impulsar el progreso y la innovación en las empresas.

Establecer objetivos empresariales claros y específicos no solo inspira a los equipos, sino que también les brinda un norte común hacia el cual dirigir sus esfuerzos.

Los objetivos empresariales deben ser desafiantes pero alcanzables, motivadores pero realistas. Es en la combinación de ambición y pragmatismo donde radica la verdadera magia de la fijación de metas.

Los propietarios de empresas que abrazan esta losofía entienden que no se trata solo de soñar en grande, sino de trabajar incansablemente para convertir esos sueños en realidad.

Al definir objetivos empresariales con claridad y determinación, los propietarios de empresas se embarcan en un emocionante viaje hacia el éxito.

Cada hito alcanzado, cada desafío superado, refuerza la convicción de que el futuro de la empresa está en buenas manos.

La metodología 4dx se convierte así en una poderosa aliada en la búsqueda de la excelencia empresarial y el crecimiento sostenible. ¡Que la pasión por alcanzar objetivos ambiciosos sea el motor que impulse a cada empresa hacia la grandeza!

Creación de objetivos SMART

En el apasionante camino hacia el éxito empresarial, es fundamental trazar objetivos claros y alcanzables. La metodología 4dx nos brinda una poderosa herramienta para lograrlo: la creación de objetivos SMART.

Estos objetivos son específicos, medibles, alcanzables, relevantes y con un tiempo de nido. Siguiendo este enfoque, los dueños de empresas pueden impulsar el crecimiento de sus negocios de manera efectiva y sostenible.

Al establecer objetivos específicos, nos aseguramos de tener una dirección clara y enfocada. Cada meta debe ser precisa y detallada, evitando la ambigüedad y brindando un punto de referencia concreto para medir nuestro progreso.

Los propietarios de empresas que se comprometen a definir objetivos específicos están dando un paso crucial hacia la materialización de sus sueños empresariales.

La medición de nuestros objetivos es esencial para evaluar nuestro desempeño y tomar decisiones informadas.

Al fijar metas que sean cuantificables, podemos monitorear de cerca nuestra evolución y ajustar nuestras estrategias según sea necesario. Los dueños de empresas que se comprometen a establecer objetivos medibles están apostando por la transparencia y la eficiencia en la gestión de sus negocios.

Para que un objetivo sea alcanzable, debe ser realista y factible dentro de nuestras capacidades y recursos actuales. Es fundamental establecer metas desa antes pero alcanzables, que nos motiven a superarnos sin caer en la frustración o la desmotivación.

Los propietarios de empresas que se desafían a sí mismos con objetivos alcanzables están cultivando una mentalidad de crecimiento y superación continua.

La relevancia de nuestros objetivos radica en su alineación con la visión y misión de nuestro negocio. Cada meta debe contribuir de manera signi cativa al crecimiento y la prosperidad de la empresa, evitando desviarnos de nuestro rumbo estratégico.

Los dueños de empresas que establecen objetivos relevantes están construyendo un camino sólido hacia el éxito sostenible y duradero.

Por último, la definición de un tiempo límite para alcanzar nuestros objetivos nos brinda un sentido de urgencia y nos impulsa a la acción.

Establecer plazos claros y realistas nos ayuda a mantenernos enfocados y comprometidos con el logro de nuestras metas, evitando la procrastinación y la dilación. Los propietarios de empresas que se comprometen a cumplir con plazos de nidos están sentando las bases para un crecimiento empresarial sólido y constante.

¡Adelante, emprendedores! Con los objetivos SMART como guía, el éxito empresarial está al alcance de sus manos. ¡Atrévanse a soñar en grande y a convertir sus sueños en realidades palpables!

La importancia de la claridad en los objetivos

En el fascinante viaje hacia el desarrollo continuo empresarial, nos encontramos con un pilar fundamental que ilumina el camino de las organizaciones: la claridad en los objetivos.

En este subcapítulo, exploraremos cómo la claridad en los objetivos se convierte en la brújula que guía a los dueños de negocios por la senda del crecimiento y la prosperidad.

La metodología 4dx se erige como la herramienta clave para alcanzar este cometido, permitiendo a las empresas trazar un rumbo certero hacia el éxito.

La claridad en los objetivos no es simplemente una meta a alcanzar, sino un faro que irradia inspiración y enfoque en cada decisión y acción que emprende una organización.

Es la piedra angular sobre la cual se construyen las estrategias y se toman las decisiones más relevantes. En el mundo empresarial, la falta de claridad puede ser como navegar en aguas turbulentas sin un rumbo de nido, lo que puede llevar al estancamiento o incluso al naufragio. Es por ello que la claridad en los objetivos se erige como un activo invaluable para cualquier negocio.

Al abrazar la metodología 4dx, los dueños de empresas abren la puerta a un universo de posibilidades y crecimiento exponencial.

Esta metodología no solo facilita la definición de objetivos claros y medibles, sino que también proporciona las herramientas necesarias para mantener el rumbo fijo hacia el éxito.

Con un enfoque en resultados, la metodología 4dx se convierte en el aliado perfecto para aquellos que desean alcanzar nuevas alturas en el mundo empresarial.

La claridad en los objetivos no solo impacta en el desempeño de una empresa, sino que también in uye en la motivación y el compromiso de sus colaboradores.

Cuando todos los integrantes de una organización comparten una visión clara y definida, se generan sinergias poderosas que impulsan el crecimiento y la innovación.

La transparencia en los objetivos fomenta un ambiente de con anza y colaboración, donde cada individuo se siente parte de un propósito común y se esfuerza por alcanzar metas ambiciosas.

En última instancia, la claridad en los objetivos se convierte en el motor que impulsa a las empresas hacia el éxito sostenible en un mundo empresarial cada vez más competitivo y dinámico.

Al adoptar la metodología 4dx y abrazar la transparencia en la definición de objetivos, los dueños de negocios pueden trazar un camino claro hacia la excelencia empresarial, donde cada paso dado se alinea con una visión inspiradora y un propósito compartido.

¡Que la claridad en los objetivos sea la luz que guíe tu empresa hacia un futuro brillante y próspero!

NATHANMANZANEQUE

4dX

CAPÍTULO 3: CREACIÓN DE MÉTRICAS DE RENDIMIENTO

Identificación de métricas clave de desempeño

En el emocionante viaje hacia el éxito empresarial, los propietarios de negocios que han decidido implementar la metodología 4dx para el crecimiento empresarial se embarcan en un camino de transformación y logros extraordinarios.

En este capítulo crucial, hablaremos sobre la identificación de las métricas clave de desempeño, un aspecto fundamental para alcanzar los objetivos trazados y medir el progreso de manera efectiva.

Las métricas clave de desempeño son como las estrellas que guían nuestra travesía empresarial, nos proporcionan la claridad necesaria para saber si estamos en la ruta correcta hacia el logro de nuestras metas.

Al identificar estas métricas, nos adentramos en un terreno donde la intuición se combina con la precisión, y donde cada acción se convierte en una oportunidad para acercarnos al éxito de manera tangible.

En este fascinante proceso de planificación de métricas clave, los propietarios de negocios descubren el poder de la información estratégica.

Cada dato recopilado, cada indicador medido, se convierte en una pieza fundamental del rompecabezas que es su empresa, permitiéndoles tomar decisiones informadas y enfocadas en los resultados deseados.

Al sumergirnos en la búsqueda de las métricas clave de desempeño, nos sumergimos en un mar de posibilidades y potencial ilimitado.

Cada métrica identificada es como un faro que ilumina el camino hacia el éxito, brindándonos la certeza de que cada paso que damos nos acerca más a la cima de nuestras aspiraciones empresariales.

En resumen, la identificación de métricas clave de desempeño es el cimiento sobre el cual se construye el edi cio de la excelencia empresarial.

Al abrazar este proceso con entusiasmo y determinación, los propietarios de negocios se preparan para alcanzar metas que una vez parecían inalcanzables, convirtiéndose así en líderes visionarios y de más éxito en sus negocios. ¡Que la búsqueda de las métricas clave de desempeño sea el faro que guíe su camino hacia el éxito!

Establecimiento de metas alcanzables

En el apasionante mundo empresarial, la clave para el éxito radica en la capacidad de establecer metas alcanzables que impulsen el crecimiento y la prosperidad de tu negocio.

En esta sección titulada "Establecimiento de metas alcanzables", exploraremos cómo la metodología 4dx puede guiarte en el camino hacia el logro de tus objetivos más ambiciosos. ¡Prepárate para inspirarte y transformar tu empresa!

En primer lugar, es fundamental comprender que las metas deben ser desa antes pero alcanzables. Al establecer objetivos que te motiven a superarte a ti mismo y a tu equipo, estarás creando un ambiente de constante crecimiento y mejora.

La metodología 4dx te brindará las herramientas necesarias para trazar un plan de acción claro y efectivo que te llevará paso a paso hacia el cumplimiento de tus metas más ambiciosas.

Recuerda que el éxito no se logra de la noche a la mañana, sino a través de un proceso continuo de esfuerzo y dedicación. Al fijar metas a corto plazo que te acerquen gradualmente a tus objetivos a largo plazo, estarás construyendo los cimientos para un crecimiento sostenible y duradero. La metodología 4dx te enseñará a priorizar tus metas y a enfocarte en las acciones que realmente impulsarán el crecimiento de tu empresa.

Además, es importante mantener una actitud positiva y perseverante en todo momento. Aunque enfrentes obstáculos en el camino, recuerda que cada desafío es una oportunidad para aprender y crecer.

La metodología 4dx te ayudará a identi car las áreas de mejora y a implementar cambios efectivos que te acerquen cada vez más a tus metas empresariales.

En resumen, el establecimiento de metas alcanzables es la piedra angular de cualquier estrategia empresarial exitosa.

Con la metodología 4dx como tu guía, estarás en el camino hacia el éxito empresarial y el crecimiento sostenible.

¡No te conformes con menos de lo que mereces y atrévete a soñar en grande! ¡El futuro de tu empresa está en tus manos, así que comienza hoy mismo a trazar el camino hacia el éxito que tanto anhelas!

Seguimiento y medición de resultados

En el fascinante viaje hacia el éxito empresarial que propone la Metodología 4dx, el monitoreo y la medición de resultados se presentan como pilares fundamentales.

En esta travesía llena de desafíos y oportunidades, es crucial que los líderes empresariales comprendan la importancia de evaluar de manera constante el progreso de sus equipos y proyectos.

El monitoreo y la medición de resultados no solo nos permiten verificar si estamos avanzando en la dirección correcta, sino que también nos brindan la oportunidad de identificar áreas de mejora y ajustar nuestra estrategia en tiempo real.

En un mundo empresarial cada vez más dinámico y competitivo, la capacidad de adaptación y la agilidad son clave para garantizar el éxito a largo plazo.

Al implementar un sistema de monitoreo y medición efectivo, los empresarios pueden tomar decisiones informadas y basadas en datos concretos.

Este enfoque no solo incrementa la e ciencia operativa, sino que también fomenta una cultura de transparencia y responsabilidad en la organización. Al otorgar a los equipos las herramientas necesarias para evaluar su desempeño, se promueve la autonomía y la excelencia en la consecución de objetivos.

El camino hacia el éxito empresarial está lleno de desafíos y obstáculos, pero es precisamente en la superación de estos retos donde se forja el carácter de una empresa.

Al abrazar el seguimiento y la medición de resultados como aliados estratégicos, los líderes empresariales pueden impulsar el crecimiento sostenible y la innovación en sus organizaciones.

La Metodología 4dx nos invita a mantenernos enfocados en lo esencial, a medir nuestro progreso con precisión y a celebrar cada logro, por pequeño que sea, en el camino hacia la grandeza empresarial.

Por sintetizar estas ideas, el monitoreo y la medición de resultados son la brújula que guía a los empresarios hacia el éxito en un mundo empresarial cada vez más competitivo y desa ante.

Al adoptar una mentalidad orientada a la mejora continua y al aprendizaje constante, las empresas pueden alcanzar nuevos niveles de excelencia y prosperidad. ¡Que el espíritu de la Metodología 4dx ilumine su camino hacia un futuro brillante y lleno de logros empresariales!

NATHANMANZANEQUE

CAPÍTULO 4: IMPLEMENTACIÓN DE ACCIONES CRUCIALES

Identificación de acciones prioritarias

En el emocionante viaje hacia el éxito empresarial a través de la Metodología 4dx, la identificación de acciones prioritarias se convierte en la brújula que guía a los propietarios de negocios hacia la cima de sus objetivos.

En esta etapa crucial, es fundamental discernir con claridad aquellas acciones que tendrán el mayor impacto en el crecimiento y la prosperidad de la empresa.

Es en este proceso de discernimiento donde se encuentra la verdadera magia de la estrategia 4dx, que transforma los sueños en realidades palpables.

Cada paso que damos en la dirección correcta nos acerca un poco más a la meta deseada. En este sentido, la identificación de acciones prioritarias se convierte en un ejercicio de introspección empresarial, donde se analizan minuciosamente los procesos, recursos y estrategias que realmente impulsarán el negocio hacia nuevas alturas.

Es aquí donde los propietarios de empresas descubren su capacidad de visión estratégica y su habilidad para tomar decisiones audaces y acertadas.

La Metodología 4dx se erige como un faro en medio de la tormenta, iluminando el camino hacia la excelencia empresarial. Al identificar las acciones prioritarias, se establece un enfoque claro y de nido que brinda dirección y coherencia a cada movimiento de la organización.

Cada decisión tomada con base en estas acciones clave se convierte en un paso firme hacia el logro de los objetivos trazados, inspirando a propietarios de negocios a desa ar los límites de lo posible.

En este fascinante viaje hacia el éxito, la identificación de acciones prioritarias no solo implica seleccionar qué hacer, sino también qué no hacer.

La habilidad para discernir entre lo relevante y lo accesorio se convierte en un arte que solo los líderes más visionarios pueden dominar. Al enfocarse en lo verdaderamente crucial, se liberan recursos, tiempo y energía que pueden ser canalizados hacia la consecución de metas ambiciosas y transformadoras.

En definitiva, la identificación de acciones prioritarias se erige como el cimiento sobre el cual se construye el edificio del éxito empresarial. Es el primer paso en el camino hacia la excelencia, un paso que requiere valentía, claridad de visión y determinación.

En esta travesía llena de desafíos y oportunidades, los propietarios de negocios que abracen la Metodología 4dx encontrarán en la identificación de acciones prioritarias el impulso necesario para alcanzar sus sueños más audaces y convertirlos en una realidad tangible. ¡Adelante, emprendedores valientes, el camino hacia el éxito empresarial aguarda vuestra valiosa contribución!

Creación de un plan de acción efectivo

En el apasionante viaje hacia el éxito empresarial, la creación de un plan de acción efectivo es la piedra angular que impulsará tu empresa hacia nuevas alturas.

Para los dueños de negocios que desean implementar la Metodología 4dx para el crecimiento empresarial, es fundamental comprender la importancia de trazar un camino claro y estratégico que conduzca a alcanzar objetivos ambiciosos.

El primer paso en la creación de un plan de acción efectivo es definir metas claras y específicas que sean desafiantes pero alcanzables.

Al establecer metas que inspiren y motiven a tu equipo, estarás sentando las bases para un crecimiento sostenible y significativo en tu empresa. Recuerda, las metas deben ser medibles, alcanzables, relevantes y con un tiempo determinado para su cumplimiento.

Una vez que hayas establecido tus metas, es crucial identificar las acciones concretas que te llevarán a alcanzarlas. Al desglosar tus metas en tareas específicas y asignar responsabilidades claras a los miembros de tu equipo, estarás creando un camino claro y definido hacia el éxito.

La acción es la clave para materializar tus sueños empresariales, ¡pon manos a la obra con determinación y pasión!

Además, es fundamental monitorear y medir el progreso de tu plan de acción de forma regular. Utiliza indicadores clave de desempeño (KPIs) para evaluar el avance hacia tus metas y realiza ajustes estratégicos según sea necesario.

La exibilidad y la capacidad de adaptación son cualidades esenciales en el camino hacia el éxito empresarial, mantente alerta y dispuesto a pivotar cuando sea necesario.

Por último, no olvides celebrar los logros y los hitos alcanzados en el camino. Reconocer el arduo trabajo y el compromiso de tu equipo fortalecerá la cohesión y la motivación para seguir avanzando juntos hacia nuevas metas y desafíos.

El camino hacia el éxito empresarial está lleno de obstáculos y desafíos, pero con un plan de acción efectivo y una mentalidad inspiradora, ¡no hay límite para lo que tu empresa puede lograr! ¡Adelante, emprendedores, el éxito está a tu alcance!

Ejecución de las acciones con determinación

En el emocionante mundo de la gestión de personas y negocios, la ejecución de las acciones con determinación es la clave que separa a los triunfadores de los que se conforman con la mediocridad.

En el marco de la Metodología 4dx para el crecimiento empresarial, la determinación se convierte en el motor que impulsa a las empresas hacia el éxito. Es en la rmeza de nuestras decisiones y en la constancia de nuestros esfuerzos donde reside el verdadero poder de transformar realidades y alcanzar metas ambiciosas.

Cuando nos comprometemos a ejecutar nuestras acciones con determinación, estamos enviando un mensaje claro al universo de que estamos listos para conquistar cualquier desafío que se nos presente.

Es en la consistencia de nuestros actos y en la convicción de nuestras palabras donde se forja el carácter de un verdadero líder empresarial. La determinación nos permite superar obstáculos, resistir ante la adversidad y mantenernos enfocados en nuestros objetivos a pesar de las distracciones que puedan surgir en nuestro camino.

La determinación no es solo una cualidad personal, es también una fuerza colectiva que impulsa a todo un equipo hacia la excelencia y el logro de resultados extraordinarios.

En el contexto de la Metodología 4dx, la ejecución de las acciones con determinación se convierte en el vínculo que une a cada miembro de la organización en torno a un propósito común y a una visión compartida de éxito. Es en la colaboración y en el compromiso mutuo donde se gesta la magia de la determinación empresarial.

Los empresarios exitosos comprenden que la determinación no es un destino, sino un camino que se recorre paso a paso, día tras día, con valentía y perseverancia. Es en la disciplina de nuestras rutinas y en la pasión por lo que hacemos donde encontramos la fuerza necesaria para superar los momentos difíciles y mantenernos rmes ante la incertidumbre del mercado.

La determinación nos brinda la con anza y la claridad mental necesarias para tomar decisiones acertadas y avanzar con paso firme hacia nuestras metas empresariales.

En definitiva, la ejecución de las acciones con determinación no solo es un mandato para los líderes empresariales, es una llamada a la grandeza, a la superación personal y al crecimiento continuo.

En el universo de la Metodología 4dx, la determinación se convierte en el motor que impulsa a las empresas a romper barreras, alcanzar nuevos horizontes y dejar una huella indeleble en el mundo de los negocios. ¡Que la determinación sea siempre nuestra aliada en el apasionante viaje hacia el éxito empresarial!

CAPÍTULO 5: CREACIÓN DE UNA CULTURA DE EJECUCIÓN

Fomento de la responsabilidad y la rendición de cuentas

En el camino hacia el éxito empresarial, la responsabilidad y la rendición de cuentas son fundamentales para alcanzar nuestras metas y objetivos.

En la metodología 4dx, se enfatiza la importancia de asumir la responsabilidad de nuestras acciones y resultados, y de rendir cuentas de manera transparente y honesta. Solo a través de la responsabilidad personal y la rendición de cuentas podemos impulsar el crecimiento empresarial y alcanzar la excelencia.

Los propietarios de empresas que adoptan la metodología 4dx entienden que la responsabilidad no solo implica cumplir con las tareas asignadas, sino también asumir la propiedad de los resultados obtenidos.

Al fomentar una cultura de responsabilidad en toda la organización, se crea un ambiente donde cada miembro se compromete a dar lo mejor de sí mismo y a rendir cuentas por sus acciones.

Esta mentalidad promueve la colaboración, la eficiencia y el logro de los objetivos empresariales de manera sostenible.

La rendición de cuentas es el pilar sobre el cual se construye la confianza y la credibilidad en una empresa.

Cuando los líderes y empleados se comprometen a ser responsables de sus acciones y a rendir cuentas ante sus compañeros, se establece un ambiente de transparencia y honestidad que fortalece la cohesión del equipo y potencia el crecimiento empresarial.

La rendición de cuentas no solo implica aceptar las consecuencias de nuestras decisiones, sino también aprender de los errores y buscar constantemente formas de mejorar.

En la metodología 4dx, la responsabilidad y la rendición de cuentas no son simples conceptos, sino valores fundamentales que guían todas las acciones y decisiones de la empresa.

Los propietarios de negocios que se comprometen a fomentar una cultura de responsabilidad y rendición de cuentas están sembrando las semillas para un crecimiento empresarial sólido y sostenible. Al asumir la responsabilidad de nuestros actos y estar dispuestos a rendir cuentas por ellos, demostramos un compromiso genuino con la excelencia y el éxito a largo plazo.

En última instancia, fomentar la responsabilidad y la rendición de cuentas en una empresa no solo impulsa el crecimiento empresarial, sino que también fortalece la integridad y la ética corporativa.

Los propietarios de empresas que priorizan estos valores inspiran a sus empleados a dar lo mejor de sí mismos, a colaborar de manera efectiva y a perseguir la excelencia en todo lo que hacen.

Al adoptar la responsabilidad y la rendición de cuentas como pilares de su filosofía empresarial, los líderes están allanando el camino hacia el éxito y la prosperidad a largo plazo.

Liderazgo inspirador y motivador

En el fascinante mundo de los negocios, el liderazgo inspirador y motivador juega un papel fundamental en el éxito empresarial.

En esta sección nos sumergimos en el corazón de la Metodología 4dx para el crecimiento empresarial, explorando cómo los líderes pueden ser catalizadores de cambio y progreso en sus organizaciones.

El verdadero líder no solo marca el rumbo, sino que también inspira a su equipo a alcanzar metas que parecían inalcanzables.

El liderazgo inspirador va más allá de simples directrices y tareas; implica conectar con la visión de la empresa de una manera que encienda la chispa de la motivación en cada miembro del equipo.

Los líderes que inspiran son aquellos que transmiten pasión, determinación y compromiso en todo lo que hacen, contagiando a otros con su entusiasmo y energía. En este camino hacia el éxito empresarial, la capacidad de inspirar y motivar se convierte en un activo invaluable.

Un líder inspirador sabe cómo comunicar de manera efectiva la visión de la empresa, pintando un cuadro claro y atractivo del futuro que todos desean alcanzar juntos.

Al hacerlo, no solo motiva a su equipo, sino que también les brinda un sentido de propósito y pertenencia que va más allá de las métricas y los resultados financieros.

En el mundo vertiginoso de los negocios, el liderazgo inspirador y motivador se convierte en el faro que guía a la empresa hacia aguas prósperas.

La Metodología 4dx nos enseña que el liderazgo inspirador y motivador es una pieza clave en el rompecabezas del éxito empresarial.

Al mantener viva la llama de la pasión y la determinación en cada miembro del equipo, los líderes crean un ambiente propicio para la innovación, la colaboración y el crecimiento sostenible.

En este viaje hacia la excelencia, el liderazgo inspirador se convierte en el motor que impulsa a la empresa hacia nuevos horizontes de logro y realización.

En última instancia, el liderazgo inspirador y motivador no solo transforma a las empresas, sino que también transforma a las personas que forman parte de ellas.

Al cultivar un entorno donde la excelencia es la norma y la superación personal es el objetivo, los líderes inspiradores crean un legado duradero que trasciende el ámbito empresarial.

En este camino hacia el éxito empresarial, recordemos siempre que la chispa que enciende la llama del progreso reside en cada uno de nosotros, listos para ser inspirados y motivados hacia la grandeza. ¡Avancemos juntos hacia un futuro brillante y lleno de posibilidades!

Celebración de los logros y aprendizajes

Queridos dueños de empresas que han decidido embarcarse en el apasionante viaje de implementar la Metodología 4dx para el crecimiento empresarial, es momento de detenernos y celebrar juntos los logros alcanzados y los valiosos aprendizajes obtenidos en este proceso de transformación.

Cada hito alcanzado, por pequeño que parezca, merece ser reconocido y festejado con entusiasmo, pues marca el avance hacia la excelencia empresarial que todos anhelamos.

En este subcapítulo, queremos recordarles la importancia de celebrar no solo los resultados tangibles, como el aumento de ventas o la mejora en la productividad, sino también los intangibles, como el fortalecimiento del equipo de trabajo, la consolidación de una cultura organizacional sólida y el desarrollo de habilidades de liderazgo que potencian el crecimiento sostenido de la empresa.

La celebración de los logros y aprendizajes no solo nos permite reconocer el esfuerzo y la dedicación de cada miembro de la organización, sino que también nos impulsa a seguir adelante con renovado ímpetu y convicción en el camino hacia el éxito empresarial.

Cada obstáculo superado, cada lección aprendida, nos acerca un paso más a la realización de nuestra visión y misión como empresa.

En este momento de celebración, es fundamental reflexionar

sobre el camino recorrido, identificar los aciertos que nos han llevado al éxito y aprender de los errores que nos han brindado valiosas lecciones para el futuro.

La Metodología 4dx nos invita a ser proactivos en la gestión de nuestros logros y aprendizajes, transformando cada experiencia en una oportunidad de crecimiento y mejora continua.

Finalmente, queremos recordarles que la celebración de los logros y aprendizajes no solo es un acto de gratitud hacia quienes han contribuido al éxito de la empresa, sino también una poderosa herramienta para inspirar y motivar a todo el equipo a seguir dando lo mejor de sí mismos en pos de un futuro próspero y lleno de éxitos.

¡Celebremos juntos cada hito alcanzado y cada lección aprendida en este apasionante viaje hacia el éxito empresarial con la Metodología 4dx como guía!

CAPÍTULO 6: MANTENIMIENTO DEL ENFOQUE EN LOS RESULTADOS

Superación de obstáculos y desafíos

En el mundo empresarial, la superación de obstáculos y desafíos es una constante que separa a los triunfadores de aquellos que se quedan rezagados. En el camino hacia el éxito empresarial, es fundamental enfrentar y vencer cada desafío que se presente, con determinación y valentía.

La metodología 4dx ofrece a los dueños de negocios las herramientas necesarias para superar cualquier obstáculo que se interponga en su camino hacia el crecimiento empresarial.

La clave para superar los obstáculos y desafíos en el mundo de los negocios radica en la mentalidad y en la actitud con la que se enfrentan. Los propietarios de empresas exitosas entienden que cada obstáculo es una oportunidad para crecer y aprender.

En lugar de rendirse ante las dificultades, se enfrentan a ellas con determinación y perseverancia, sabiendo que cada desafío superado los acerca un paso más hacia sus metas y objetivos.

La metodología 4dx proporciona un marco claro y efectivo para identificar, enfrentar y superar los obstáculos y desafíos que se presentan en el camino hacia el éxito empresarial.

Al enfocarse en objetivos claros y medibles, en la ejecución disciplinada de estrategias y en la rendición de cuentas constante, los dueños de negocios pueden trazar un camino claro hacia la superación de cualquier obstáculo que se presente en su camino.

La superación de obstáculos y desafíos en el mundo empresarial requiere de un compromiso inquebrantable con la excelencia y la mejora continua.

Los propietarios de empresas exitosas entienden que el camino hacia el éxito está lleno de desafíos, pero también están conscientes de que cada obstáculo superado los fortalece y los prepara para enfrentar desafíos aún mayores en el futuro.

En resumen, la superación de obstáculos y desafíos es una parte fundamental del camino hacia el éxito empresarial. Con la metodología 4dx como guía, los dueños de negocios pueden enfrentar cada desafío con determinación, valentía y disciplina, sabiendo que cada obstáculo superado los acerca un paso más hacia sus metas y objetivos. ¡Atrévete a superar cada obstáculo y desafío en tu camino hacia el éxito empresarial!

Adaptación a cambios y nuevas circunstancias

En el dinámico mundo empresarial, la capacidad de adaptarse a los cambios y nuevas circunstancias es fundamental para el éxito a largo plazo.

Las empresas que logran sobresalir son aquellas que no temen a la transformación, sino que la abrazan con valentía y determinación. En este subcapítulo, exploraremos la importancia de la adaptación en el contexto de la Metodología 4dx para el crecimiento empresarial.

Los dueños de empresas que desean alcanzar el éxito deben comprender que la adaptación no es solo una opción, sino una necesidad imperativa.

En un entorno competitivo y en constante evolución, aquellos que se aferran a antiguas estrategias y formas de trabajo corren el riesgo de quedarse rezagados. La capacidad de adaptación es la clave para mantenerse relevantes, innovar y seguir creciendo en un mercado en constante cambio.

La Metodología 4dx ofrece a los empresarios las herramientas necesarias para adaptarse de manera efectiva a los cambios y nuevas circunstancias. Al centrarse en objetivos claros y medibles, establecer indicadores clave de rendimiento y actuar con disciplina, las empresas pueden anticipar y responder ágilmente a los desafíos que se presentan en el camino. La adaptación se convierte así en un proceso continuo y proactivo, en lugar de una reacción improvisada ante situaciones imprevistas.

Es importante recordar que la adaptación no solo se re ere a ajustar estrategias comerciales, sino también a cultivar una mentalidad flexible y abierta al cambio.

Los líderes empresariales deben estar dispuestos a cuestionar sus suposiciones, aprender de sus errores y estar abiertos a nuevas ideas y enfoques. La verdadera innovación surge de la capacidad de adaptarse a las circunstancias cambiantes y de aprovechar las oportunidades que estas ofrecen.

En conclusión, la adaptación a cambios y nuevas circunstancias es un pilar fundamental en el camino hacia el éxito empresarial. Aquellos que logran integrar la exibilidad, la agilidad y la disciplina en sus operaciones estarán mejor preparados para enfrentar los desafíos del mercado actual y futuro.

La Metodología 4dx proporciona el marco ideal para impulsar esta adaptación y llevar a las empresas hacia un crecimiento sostenible y significativo. ¡Acepta el desafío de adaptarte y conquista el futuro con determinación y audacia!

Persistencia y determinación en la búsqueda del éxito

En el emocionante camino hacia el éxito empresarial, la persistencia y la determinación se convierten en aliados fundamentales para los dueños de negocios que desean alcanzar sus metas más ambiciosas. La metodología 4dx ofrece un enfoque estratégico que impulsa el crecimiento empresarial, pero es la actitud perseverante y decidida de los líderes lo que verdaderamente marca la diferencia.

La persistencia se manifiesta en la capacidad de enfrentar obstáculos con valentía y resiliencia, sin dejarse vencer por las dificultades que puedan surgir en el camino. Los empresarios exitosos entienden que cada desafío es una oportunidad de aprendizaje y crecimiento, y están dispuestos a mantenerse firmes en su propósito incluso en los momentos más complicados.

La determinación, por su parte, es la fuerza interna que impulsa a seguir adelante a pesar de las adversidades. Es la convicción profunda de que el esfuerzo constante y enfocado dará frutos, aun cuando los resultados inmediatos no sean los esperados.

Los líderes que poseen esta cualidad son capaces de mantener la vista en el horizonte, visualizando el éxito final a pesar de las circunstancias actuales.

En el contexto de la metodología 4dx, la persistencia y la determinación se traducen en la aplicación constante de las estrategias definidas, en la disciplina para seguir el plan trazado y en la capacidad de ajustarse ágilmente a las necesidades del mercado. Es a través de la combinación de estos elementos que se construye un camino sólido hacia el crecimiento empresarial sostenible y de éxito.

Por tanto, queridos dueños de negocios que se adentran en el fascinante mundo de la metodología 4dx, recuerden que la persistencia y la determinación son sus mejores aliados en la búsqueda incansable del éxito.

Manténganse firmes en sus convicciones, aprendan de cada desafío y sigan avanzando con la certeza de que cada paso los acerca un poco más a sus metas más anheladas. ¡El éxito está al alcance de aquellos que nunca se rinden!

CAPÍTULO 7: CONCLUSIONES Y REFLEXIONES FINALES

Recapitulación de las Estrategias 4dx

Queridos dueños de negocios, en nuestro viaje hacia el éxito empresarial a través de la Metodología 4dx, hemos explorado un camino lleno de desafíos y triunfos.

En esta recapitulación, recordemos juntos las estrategias fundamentales que nos han llevado a alcanzar metas que antes parecían inalcanzables.

En primer lugar, la disciplina de enfocarse en lo verdaderamente importante ha sido clave en nuestro progreso. Al identificar nuestras metas cruciales y dedicar nuestros esfuerzos a ellas, hemos logrado un crecimiento sostenido y significativo. Recordemos siempre que la claridad en los objetivos es el faro que guía nuestro camino hacia el éxito.

La segunda estrategia, la ejecución impecable, nos ha enseñado que la excelencia se encuentra en los detalles. Cada acción que tomamos, por más pequeña que parezca, contribuye de manera significativa al logro de nuestros objetivos.

Mantengamos siempre la excelencia en cada paso que damos, sabiendo que la consistencia en la ejecución es la piedra angular de nuestro progreso.

La tercera estrategia, el establecimiento de métricas claras, nos ha permitido medir con precisión nuestro avance y ajustar nuestro rumbo en caso necesario.

Recordemos siempre que lo que no se mide, no se puede mejorar. Sigamos midiendo nuestra performance con rigurosidad y haciendo los ajustes necesarios para alcanzar nuevos niveles de éxito.

La cuarta estrategia, la creación de una cadencia de rendición de cuentas, nos ha demostrado la importancia de la transparencia y la responsabilidad en nuestro equipo.

Al mantenernos mutuamente responsables y comprometidos con nuestros objetivos, fortalecemos nuestra unidad y potenciamos nuestra capacidad de lograr resultados extraordinarios.

Por último, la estrategia de mantener un enfoque en las actividades que generan un impacto real nos recuerda la importancia de priorizar nuestras acciones en función de su contribución al logro de nuestros objetivos.

Sigamos invirtiendo nuestro tiempo y recursos en aquellas actividades que nos acercan cada día más a la cima del éxito empresarial.

En resumen, recordemos siempre que el camino hacia el éxito empresarial a través de la Metodología 4dx es un viaje de constancia, disciplina y enfoque.

Sigamos aplicando estas estrategias con determinación y pasión, sabiendo que cada paso que damos nos acerca un poco más a la realización de nuestros sueños empresariales. ¡Juntos, podemos alcanzar la grandeza!

Impacto de la metodología en el crecimiento empresarial

En el acelerado mundo de los negocios, la metodología que empleamos para alcanzar nuestros objetivos tiene un impacto directo en el crecimiento de nuestra empresa. La Metodología 4dx ha demostrado ser una poderosa herramienta para guiar a las organizaciones hacia el éxito empresarial, permitiendo a los dueños de negocios alcanzar niveles de eficiencia y productividad nunca antes imaginados.

La implementación de la Metodología 4dx implica un compromiso total por parte de los líderes empresariales, quienes deben estar dispuestos a asumir el reto de cambiar la forma en que operan sus empresas.

Esta metodología se basa en la idea de establecer objetivos claros y medibles, enfocarse en las acciones que realmente impulsarán el crecimiento y mantener un alto nivel de rendimiento a lo largo del tiempo.

Uno de los aspectos más inspiradores de la Metodología 4dx es su enfoque en la ejecución impecable. No basta con tener grandes ideas o estrategias brillantes si no se llevan a cabo de manera efectiva.

Esta metodología nos desafía a ser disciplinados en la implementación de nuestras acciones, a seguir un plan con determinación y a no ceder ante las distracciones que puedan surgir en el camino hacia el éxito.

El impacto de la Metodología 4dx en el crecimiento empresarial es innegable. Aquellos negocios que han adoptado este enfoque han experimentado un aumento significativo en su productividad, una mayor cohesión entre los equipos de trabajo y una clara mejora en los resultados nancieros.

Los dueños de empresas que han abrazado esta metodología han visto cómo sus organizaciones se transforman y crecen de manera sostenida en un mercado cada vez más competitivo.

En definitiva, la Metodología 4dx representa no solo un camino hacia el éxito empresarial, sino una filosofía de trabajo que promueve la excelencia, la disciplina y la perseverancia.

A través de la implementación de esta metodología, los dueños de negocios pueden llevar a sus empresas a nuevos niveles de crecimiento y alcanzar metas que antes parecían inalcanzables. Es momento de dar el primer paso hacia la transformación, de abrazar el desafío y de alcanzar el éxito empresarial que tanto anhelamos. ¡El futuro de tu empresa está en tus manos!

Inspiración para seguir el camino hacia el éxito empresarial

Queridos dueños de negocio que buscan el crecimiento y la excelencia en sus empresas a través de la metodología 4dx, les invito a sumergirse en la inspiración que les impulsará a seguir adelante en este apasionante camino hacia el éxito empresarial.

La clave no solo radica en implementar estrategias efectivas, sino en mantener encendida la llama de la motivación y la determinación en cada paso que den.

En el mundo empresarial, los desafíos son constantes y las adversidades pueden parecer insuperables en ocasiones. Sin embargo, es en esos momentos de incertidumbre y dificultad donde se revela la verdadera fortaleza de un líder.

La inspiración para seguir adelante no solo proviene de los logros alcanzados, sino también de la valentía de enfrentar los obstáculos con coraje y perseverancia.

Cada pequeño avance, cada logro alcanzado, por más insignificante que parezca, es un motivo de celebración y una fuente de inspiración para seguir avanzando en el camino hacia el éxito empresarial. No subestimen el poder de la constancia y la disciplina, pues son las piedras angulares sobre las que se construye el éxito a largo plazo.

La metodología 4dx les brinda las herramientas necesarias para trazar un camino claro hacia sus metas empresariales, pero la verdadera inspiración surge de la pasión y el compromiso que cada uno de ustedes pone en su trabajo diario.

Recuerden que el éxito no se alcanza de la noche a la mañana, sino a través de un esfuerzo constante y una determinación inquebrantable.

En este viaje hacia el éxito empresarial, no olviden nunca el por qué comenzaron este camino. Mantengan viva la chispa de la inspiración que les impulsó a emprender esta travesía y permítanla que les guíe en cada decisión y en cada acción que emprendan.

Con fe en sus capacidades, coraje para enfrentar los desafíos y una visión clara de sus metas, están destinados a alcanzar el éxito empresarial que tanto anhelan. ¡Adelante, valientes emprendedores, el camino hacia el éxito está lleno de posibilidades infinitas!

ACERCA DEL AUTOR

Nathan Manzaneque

Nathan Manzaneque es speaker, formador, comercial, y escritor. Puedes contratar a Nathan Manzaneque, autor de Liderazgo Compasivo y Samurai Networker, como conferenciante para tus eventos de empresa presenciales y online.

Nathan imparte Conferencias Motivacionales de Alto Impacto aplicadas al mundo empresarial, de las ventas, el emprendimiento, o dirigidas a cualquier colectivo que requiera de una gran dosis de autoconocimiento, motivación, y energía.

Su manera de comunicar es natural y fresca, desafiante incluso, y con un fin principal: provocar a su audiencia para que tomen acción masiva.

La conferencia "Las 10 Leyes Inmutables Del Liderazgo Efectivo", con un guiño a las conferencias de John Maxwell, Tonny Robbins, y Daniel Goleman, es la propuesta de Nathan Manzaneque para mostrar un punto de vista diferenciador a profesionales que quieren mejorar su bienestar y el de sus equipos, y aumentar/maximizar sus ventas, poniendo el foco en lo más importante:

GOZAR la vida, y encontrar el EQUILIBRIO entre lo personal y lo profesional.

Todo lo que comparte en sus conferencias, son experiencias propias y aprendizajes obtenidos durante sus 26 años como comercial en diferentes sectores, ciudades y épocas de su vida.

Nathan es autor del libro "Samurai Networker", disponible en Amazon, un libro entre los más vendidos de referral marketing e inteligencia emocional aplicada a las ventas. En su segunda edición, Samurai Networker cuenta con prólogo de Mark Gibson, Director Nacional de BNI CNM, la multinacional especialista en networking para empresarios número uno en el mundo.

En su segundo libro "Liderazgo Compasivo", también disponible en Amazon, Nathan comparte los principios básicos para ejercer un liderazgo sostenible y que construya equipos de éxito en un contexto intergeneracional muy desafiante.

En su tercer libro "IA Para Todos" que puedes encontrar en Amazon, Nathan ha escrito una guía básica para empezar a utilizar la Inteligencia Artificial en la empresa.

Pertenece a la Junta Directiva de EDVE, Escuela de Ventas, la organización número uno del mundo en formación en ventas en español, donde sirve como Europe Area Manager, orientados a dotar de habilidades a los asociados para que puedan aplicarlas en su vida profesional.

Además, en la actualidad Nathan es Director Internacional de Expansión en Global Retail Installations and Technology, parte del grupo Vinylcolor Digital, empresa referente en el sector Visual Communication en más de 30 países.

Contrata a Nathan Manzaneque como conferenciante y presentador en inglés y en español para eventos profesionales de todo tipo así como para acciones de marketing, publicidad y formación en diferentes países.

LIBROS DE ESTE AUTOR

Samurai Networker

Samurai Networker: Segunda Edición - El Libro Definitivo sobre Inteligencia Emocional en el Referral Marketing y Ventas

Prólogo de Mark Gibson, Director Nacional de CorporateConnections y Director Nacional de BNI España CNM

¿Estás cansado de estrategias de networking que no dan resultados? ¿Te sientes como un pez fuera del agua en eventos de networking? ¿Quieres aprender a conectar con las personas de una manera más profunda y significativa? Si es así, "Samurai Networker" es el libro que has estado esperando.

Liderazgo Compasivo

¿Estás en disposición de reflexionar sobre tu liderazgo e implementar los 14 factores fundamentales para convertirte en el tipo de líder que vale la pena seguir?

Encuentra más de 40 dinámicas para trabajar en tu liderazgo y mejorar tu equipo. Conviértete en el mejor líder que puedes ser, aquel a quien vale la pena seguir; un LÍDER COMPASIVO.

El Líder Delegador

¿Estás listo para convertirte en un líder que inspira, empodera y eleva a su equipo hacia el éxito? "EL LÍDER DELEGADOR: Cómo Delegar De Forma Efectiva" es tu guía definitiva para dominar el arte de la delegación y transformarte en un líder excepcional.

Perfiles Disc En Acción

Sumérgete en las páginas de este libro y descubre un fascinante viaje hacia la comprensión profunda de los perfiles DISC, el bienestar organizacional y la inteligencia emocional. A través de cautivadoras historias personales, este libro te lleva de la mano a través de las vidas de cuatro individuos excepcionales, cada uno personificando un perfil DISC único.

Inteligencia Artificial Para Todos

En un mundo impulsado por la tecnología y la innovación, la inteligencia artificial emerge como el catalizador del éxito empresarial y profesional del siglo XXI. En 'IA para todos', Nathan Manzaneque te sumerge en un fascinante viaje hacia el futuro, donde la IA no es solo una herramienta, sino un compañero de confianza en tu camino hacia el éxito.

El Método Samurai De Up Selling Y Cross Selling En Hoteles

"El Método Samurai de Upselling y Cross-selling en Hoteles" es una obra imprescindible para responsables de hoteles y consultores dedicados a la formación y acompañamiento del personal hotelero. Disponible en Amazon, este libro se posiciona como una herramienta clave para aquellos que buscan revolucionar las estrategias de ventas y servicio al cliente en la industria de la hospitalidad.

El Bienestar Organizacional Como Estrategia Competitiva

En el núcleo de cada organización de éxito, hay una verdad ineludible: el bienestar de su equipo es la clave para el éxito sostenido. 'El Bienestar Organizacional como Estrategia Competitiva: Claves para CEOs y Directivos', de Nathan Manzaneque, es más que un libro; es una guía esencial para los líderes empresariales que enfrentan los retos diarios de mantener un equipo motivado, productivo y, sobre todo, feliz.

Matar Al Dragón: Cómo Superar El Síndrome Del Impostor

"Matar al Dragón: Cómo Superar el Síndrome del Impostor" es una guía esencial para aquellos que se sienten atrapados en las garras de la duda sobre sí mismos y la perpetua sensación de no ser suficientes, a pesar de sus éxitos y logros. Este libro profundiza en el corazón del síndrome del impostor, desentrañando las complejas capas de inseguridad y autoengaño que impiden a individuos talentosos y capaces reconocer su verdadero valor.

¿TE INTERESA EL CRECIMIENTO PERSONAL Y PROFESIONAL?

Mantenernos al día con las mejores prácticas de liderazgo, ventas e inteligencia emocional no es solo una ventaja, sino una necesidad. Aquí es donde entra en juego Ventatregia, el podcast creado por Nathan Manzaneque. Este programa es una fuente inagotable de conocimiento, inspiración y estrategias prácticas diseñadas para ayudarte a transformar tu empresa y tu carrera.

En este capítulo final, exploraremos en profundidad lo que hace que Ventatregia sea tan especial. Desde su origen y objetivos hasta los temas que aborda y los beneficios que ofrece a sus oyentes, Ventatregia es mucho más que un podcast; es una herramienta esencial para cualquier profesional que desee sobresalir en el mundo empresarial. Al final, te invitaré a suscribirte a este podcast revolucionario para que puedas empezar a beneficiarte de todo lo que ofrece.

Origen y Objetivos de Ventatregia

El Comienzo de una Visión

Ventatregia nació de la visión de Nathan Manzaneque, un

reconocido speaker, autor y formador en liderazgo, ventas e inteligencia emocional. Con una vasta experiencia en el campo y una pasión por ayudar a otros a alcanzar su máximo potencial, Nathan decidió crear un podcast que ofreciera un enfoque práctico y accesible para desarrollar estas habilidades esenciales.

El objetivo principal de Ventatregia es proporcionar a sus oyentes herramientas y estrategias efectivas para mejorar su liderazgo, aumentar sus ventas y desarrollar su inteligencia emocional. Cada episodio está diseñado para ser una dosis concentrada de conocimiento y motivación, con consejos prácticos que los oyentes pueden aplicar de inmediato en su trabajo y vida personal.

Temáticas Abordadas en Ventatregia

Liderazgo Transformador

Uno de los pilares de Ventatregia es el liderazgo. Nathan Manzaneque entiende que ser un líder eficaz va más allá de dar órdenes; se trata de inspirar y motivar a tu equipo para que alcance su máximo potencial. En los episodios dedicados al liderazgo, Nathan aborda temas como:

Liderazgo Transformador: Cómo inspirar y motivar a tu equipo a través de una visión clara y convincente.

- **Liderazgo Adaptativo**: Cómo liderar en tiempos de cambio y adaptarse a nuevas circunstancias.
- **Liderazgo Ético**: La importancia de la integridad y la ética en el liderazgo moderno.

Cada episodio sobre liderazgo no solo ofrece teoría, sino también ejemplos prácticos y casos de estudio que ilustran cómo aplicar estos principios en la vida real.

Técnicas de Venta Avanzadas

Otro enfoque clave de Ventatregia son las ventas. Nathan comparte técnicas y estrategias avanzadas para mejorar tus habilidades de venta y cerrar más negocios. Algunos de los temas cubiertos en esta área incluyen:

- **Prospección Efectiva**: Cómo encontrar y atraer a nuevos clientes potenciales.
- **Técnicas de Cierre de Ventas**: Métodos probados para convertir prospectos en clientes.
- **Manejo de Objeciones**: Estrategias para superar las objeciones y dudas de los clientes.

Nathan utiliza su experiencia de varias décadas en ventas para ofrecer consejos prácticos y aplicables que pueden ayudar a cualquier profesional de ventas a mejorar su rendimiento.

Inteligencia Emocional en la Empresa

La inteligencia emocional es otro tema fundamental en Ventatregia. Nathan explora cómo la capacidad de entender y gestionar las propias emociones, así como las emociones de los demás, puede ser una herramienta poderosa en el entorno empresarial. Los episodios dedicados a la inteligencia emocional cubren temas como:

- **Manejo del Estrés**: Técnicas para gestionar el estrés y mantener la calma bajo presión.

- **Empatía en el Liderazgo**: Cómo la empatía puede mejorar la comunicación y fortalecer las relaciones en el equipo.
- **Inteligencia Emocional para la Toma de Decisiones**: Cómo las emociones afectan nuestras decisiones y cómo manejarlas de manera efectiva.

Estos episodios ofrecen no solo teoría, sino también ejercicios prácticos y técnicas que los oyentes pueden usar para desarrollar su inteligencia emocional.

Estructura del Podcast

Duración

Cada episodio de Ventatregia tiene una duración de entre 10 y 30 minutos, lo que lo hace perfecto para escuchar durante el trayecto al trabajo, una pausa para el café o cualquier momento.

La Comunidad Ventatregia

Interacción y Networking

Ventatregia no es solo un podcast; es una comunidad vibrante de profesionales dedicados a la mejora continua. A través de las redes sociales, el sitio web y eventos en vivo, los oyentes tienen la oportunidad de interactuar, compartir experiencias y aprender unos de otros. Esta red de apoyo y colaboración es invaluable para aquellos que buscan aplicar los principios discutidos en el podcast en sus propias organizaciones.

Episodios Destacados de Ventatregia

Liderazgo Transformador

En este episodio, Nathan desglosa las claves para ser un líder transformador. Con ejemplos prácticos y estudios de caso, aprenderás cómo inspirar y motivar a tu equipo, establecer una visión clara y comunicarla efectivamente.

Técnicas Avanzadas de Prospección

Descubre las mejores estrategias para encontrar y atraer nuevos clientes. Nathan comparte sus secretos sobre cómo identificar prospectos de alta calidad, construir relaciones significativas y cerrar más ventas.

Inteligencia Emocional para la Toma de Decisiones

Aprende cómo la inteligencia emocional puede mejorar tu capacidad para tomar decisiones acertadas. Este episodio te enseñará técnicas para gestionar tus emociones, entender mejor a los demás y tomar decisiones más equilibradas.

Manejo de Objeciones en Ventas

Este episodio es esencial para cualquier profesional de ventas. Nathan te guía a través de las técnicas más efectivas para manejar objeciones y convertir los "no" en "sí". Con ejemplos reales y consejos prácticos, estarás mejor equipado para enfrentar cualquier objeción que te lancen.

Fomentando la Innovación en tu Equipo

En este episodio, Nathan explora cómo crear un ambiente que fomente la creatividad y la innovación. Aprenderás a incentivar a tu equipo para que piense fuera de la caja y proponga ideas que impulsen el crecimiento de tu empresa.

Cómo Suscribirse a Ventatregia

Suscribirse a Ventatregia es fácil y te permitirá estar siempre al día con los últimos episodios y consejos prácticos de Nathan Manzaneque. Aquí te explico cómo hacerlo:

En tu Plataforma de Podcast Favorita

Ventatregia está disponible en todas las principales plataformas de podcast, incluyendo Apple Podcasts, Spotify, Google Podcasts y más. Simplemente busca "Ventatregia" en tu plataforma preferida y haz clic en "Suscribirse".

A través del Sitio Web Oficial

Visita el sitio web oficial de Ventatregia en https://nathanmanzaneque.com/podcast/ . Aquí encontrarás enlaces directos para suscribirte en diferentes plataformas, así como contenido adicional, artículos y recursos exclusivos.

Puedes convertirse en suscriptor premium por lo que vale un café, y acceder a contenidos exclusivos.

Ahora que has conocido en profundidad el impacto y los beneficios de Ventatregia, es el momento de dar el siguiente paso. Suscríbete al podcast y únete a miles de profesionales que ya están transformando su liderazgo, mejorando sus ventas y desarrollando su inteligencia emocional con los consejos prácticos y la inspiración de Nathan Manzaneque.

¿Por Qué Suscribirte?

- **Contenido de Alta Calidad**: Cada episodio está diseñado para ofrecerte estrategias prácticas y aplicables que puedes implementar de inmediato.
- **Aprendizaje Continuo**: Mantente actualizado con las últimas tendencias y mejores prácticas en liderazgo, ventas e inteligencia emocional.
- **Inspiración Constante**: Recibe una dosis semanal de motivación e inspiración para seguir mejorando y alcanzando tus metas.

- **Comunidad de Apoyo**: Únete a una comunidad de profesionales comprometidos con el crecimiento y el éxito mutuo.

¡Suscríbete Hoy!

No esperes más para comenzar a transformar tu vida profesional y personal. Suscríbete a Ventatregia en tu plataforma de podcast favorita o visita www.nathanmanzaneque.com/podcast/ para obtener más información y acceder a recursos exclusivos.

Gracias por acompañarme en este viaje. Estoy encantado de tenerte como parte de nuestra comunidad y espero poder ayudarte a alcanzar nuevas alturas en tu carrera y en tu vida.

www.ingramcontent.com/pod-product-compliance
Lightning Source LLC
Chambersburg PA
CBHW030450220526
45464CB00006B/2469